AF278661

# LA REPRÉSENTATION
# DES MINORITÉS

MÉMOIRE PRÉSENTÉ A L'ACADÉMIE DES SCIENCES
MORALES ET POLITIQUES (JANVIER 1874).

PAR

Augustin GIGON,

Professeur à l'Association philotechnique.

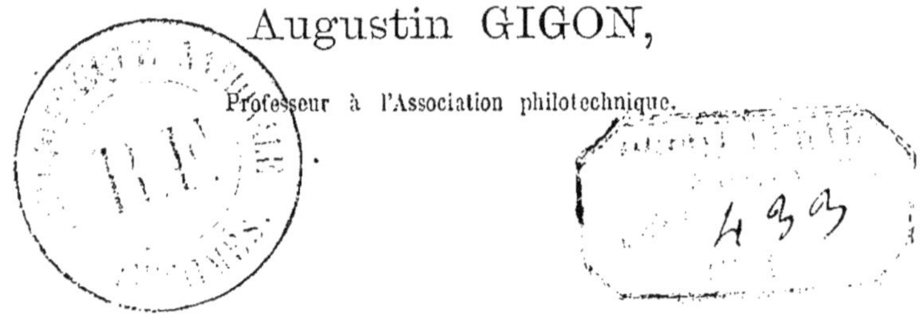

**Extrait du Journal des Économistes**

Numéro de janvier 1874.

PARIS

LIBRAIRIE GUILLAUMIN ET Cⁱᵉ, ÉDITEURS

De la Collection des principaux Économistes, des Économistes et Publicistes contemporains
de la Bibliothèque des sciences morales et politiques, du Dictionnaire
d'Économie politique, du Dictionnaire universel du Commerce et de la Navigation, etc.

RUE RICHELIEU, 14

1874

# LA

# REPRÉSENTATION DES MINORITÉS

**Mémoire présenté à l'Académie des sciences morales et politiques (janvier 1874).**

———

Sommaire. — I. Examen des principaux systèmes de représentation des minorités connus jusqu'à ce jour. — II. Système nouveau des coefficients de préférence. — III. Comparaison de ce système et des précédents.

## I

Dans nos sociétés modernes, la plupart des résolutions importantes qui intéressent les collectivités composées d'associés libres sont prises à la majorité des suffrages.

Les statuts de toutes les associations, compagnies de chemins de fer, sociétés de crédit, etc..., reconnaissent expressément la compétence de la majorité pour trancher certaines questions prévues d'avance, et, quand ces cas se présentent, la minorité se soumet à la décision de la majorité.

C'est incontestablement l'application du principe de la liberté. Car, en exécutant le contrat qu'il a librement consenti, le contractant n'obéit qu'à lui-même.

La loi du nombre n'est pas applicable seulement dans les sociétés commerciales, industrielles, littéraires et autres. Partout où la souveraineté du peuple est officiellement reconnue, les questions d'intérêt commun sont résolues par le vote des citoyens et le nombre est *souverain*. Pouvoir souverain du nombre ne veut pas dire pouvoir despotique, illimité, et indiscutable, — non. Il faut simplement entendre par ces mots que la majorité est supérieure (*supra*) à la minorité dans les questions qui, d'un consentement unanime et préalable, doivent être soumises au vote.

La loi du nombre est directement mise en pratique dans certains petits cantons suisses, où l'assemblée du peuple (landesgemainde) vote elle-même les lois sur la place publique. Mais le gouvernement direct du forum est évidemment impossible, quand le nombre des votants dépasse dix ou douze mille.

Les citoyens des pays populeux, ne pouvant voter directement ni discuter eux-mêmes les lois générales, chargent des mandataires de ce soin. Les communes, les départements, les provinces choisissent des députés ou délégués, dont la mission est de discuter et de voter les lois en leur lieu et place. Et c'est là le régime représentatif.

— Sans entrer dans plus de détails, comme il existe un certain nombre de partis politiques dans chaque circonscription électorale, on voit de suite que les minorités ne seront pas représentées avec le système du *député unique par circonscription*. Si le même parti prédominait dans toutes les circonscriptions, les partis opposés n'auraient pas un seul représentant à l'assemblée législative. Heureusement il n'en est pas ainsi dans la réalité des choses. Telle opinion prédomine ici, telle autre prédomine là. Mais il est certain, néanmoins, que le hasard règne dans la répartition des siéges au Parlement entre les diverses opinions politiques. Chaque parti est loin d'avoir un nombre de représentants *proportionnel au nombre de ses adhérents*. Ce qui serait pourtant l'expression même de la justice. Car alors les proportions des partis entre eux seraient précisément les mêmes dans le pays et dans l'assemblée représentative, et les décisions de cette assemblée seraient identiques à celles que les électeurs prendraient, s'ils pouvaient légiférer directement.

Est-il possible d'arriver pratiquement à cet idéal d'équité? Les écrivains politiques qui font du droit constitutionnel l'objet de leurs méditations, s'en préoccupent depuis plusieurs années. MM. Émile de Laveleye et J. Clamageran (1) ont exposé l'état actuel de la question. Nous allons brièvement résumer les solutions mises en avant, et nous en proposerons une que nous croyons nouvelle.

— Tout ce que nous allons dire est relatif au vote par scrutin de liste (et secret) que nous supposons adopté. Car M. de Laveleye a démontré que le scrutin de liste était le seul qui ne fût pas incompatible avec la représentation des minorités.

M. Clamageran croit qu'il est bon de borner à six ou huit au plus le nombre des noms que chaque électeur doit porter sur sa liste. Nous partageons son avis. Il est en effet inadmissible de demander

---

(1) Em. de Laveleye. *Essai sur les formes de gouvernement dans les sociétés modernes*, 1872, in-12; Paris, Germer-Baillière, éditeur. — J.-J. Clamageran, *La France républicaine*, in-12, 1873; même éditeur.

à un électeur de porter quarante-trois noms sur son bulletin, comme on l'a fait à Paris, au mois de février 1871.

—Le vote restreint, proposé par M. G. L. Craik, professeur à Belfast, a été adopté pour les élections de certaines villes d'Angleterre, qui ont plusieurs députés à élire. S'agit-il de nommer trois candidats, chaque électeur peut inscrire sur son bulletin deux noms différents et rien que deux noms. La minorité, à moins qu'elle ne soit tout à fait insignifiante, peut donc avoir un représentant sur trois. Ce système ne produit évidemment pas dans chaque parti la proportionnalité du nombre des élus au nombre des adhérents. Il permet simplement aux minorités de se faire représenter à la condition d'être suffisamment nombreuses.

— Le vote cumulatif vaut mieux. Voici en quoi il consiste. S'il y a sept députés à nommer, par exemple, chaque électeur a le droit d'inscrire sept noms sur sa liste; mais ces sept noms ne sont pas nécessairement des noms différents. L'électeur peut inscrire deux fois, trois fois, etc..., et même jusqu'à sept fois le même nom sur son bulletin; autrement dit, il peut donner à un même candidat jusqu'à sept suffrages. Le vote cumulatif a été admis en 1870, en Angleterre, dans les élections des comités scolaires (school Boards), après avoir été appliqué, dès l'année 1856, dans certaines colonies anglaises.

On peut faire au vote cumulatif le même reproche qu'au système précédent. Comment pourra-t-il donner à chaque parti un nombre de représentants proportionnels au nombre de ses adhérents? Le succès d'un parti dépendra de l'approximation plus ou moins grande avec laquelle les meneurs évalueront d'avance le nombre des suffrages dont ils disposent, de manière à pouvoir conseiller à leurs électeurs de porter soit deux voix, soit trois voix, soit davantage sur un ou plusieurs noms choisis parmi les candidats. La partie paraît trop belle pour les habiles, et trop peu d'initiative est laissée au libre choix de l'électeur. Quoi qu'il en soit, la pratique a été favorable à ce système; les électeurs s'étant préalablement comptés dans un premier tour de scrutin, préparatoire et non officiel, il a donné, chose rare, des résultats qui ont satisfait tout le monde. C'est un fait important à constater.

— Nous arrivons à des systèmes qui ont pour but de réaliser exactement la représentation proportionnelle aux forces relatives des partis. Ces systèmes ont pour base la notion dite du *quotient électoral*.

Prenons un exemple simple :

Soit 700 électeurs-votants et 7 députés à nommer. Le quotient du nombre des votants par le nombre des élus (c'est dans le cas présent 700 divisé par 7, ou 100) s'appelle quotient électoral.

Avec une représentation équitable, chaque parti devrait avoir autant de représentants qu'il compte de fois 100 adhérents. Un parti réunissant 300 adhérents, ou 3 fois le quotient électoral, devrait nommer 3 délégués.

Pour arriver à ce résultat, M. Hare propose de conserver le système du scrutin de liste tel qu'il est employé aujourd'hui, avec cette innovation que chaque bulletin ne compte dans le dépouillement que pour un seul vote. Chaque électeur doit porter sept noms différents sur son bulletin dans l'ordre de ses préférences. Le premier nom est élu dès qu'il réunit le quotient électoral, et le nom inscrit au second rang n'est compté dans le dépouillement que si le premier est élu. Quand les deux premiers sont élus, les bulletins suivants seront comptés pour le troisième nom, et ainsi de suite.

En théorie, si les bulletins étaient toujours parfaitement conformes à deux ou trois modèles représentant les listes des partis en lutte, la représentation serait proportionnelle.

Mais il n'en est pas ainsi dans la pratique, et l'on se demande comment on pourra dépouiller le scrutin. Sur tel bulletin, contenant sept noms, quel sera le candidat pour lequel le bulletin sera compté? Il est évident que, suivant l'ordre dans lequel aura lieu le dépouillement des bulletins, le résultat du scrutin pourra changer. Comment déterminera-t-on cet ordre? Tout porte à croire qu'un dépouillement préliminaire sera indispensable. Enfin, objection capitale, le dépouillement ne pourra pas être fait à la commune par les électeurs eux-mêmes dans leurs sections respectives. Il faudra qu'il soit fait au chef-lieu par une commission administrative spéciale. Dans un département comme les nôtres, comment une seule commission pourra-t-elle dépouiller soixante et même quatre-vingt mille bulletins? Nous croyons ce système inapplicable, à cause de sa complication, et surtout parce que le dépouillement serait fait non par les électeurs eux-mêmes, mais par des agents administratifs, ce qui ferait toujours présumer la possibilité de fraudes dans l'attribution des suffrages aux noms des différents candidats.

— Le système du vote *uninominal* de M. Baily repose, comme celui de M. Hare, sur le principe du quotient électoral.

Son inventeur suppose plusieurs partis se présentant aux électeurs avec leurs programmes respectifs. Le nom d'un candidat est intimement lié à chaque programme, et ce sera ordinairement le nom de l'homme le plus populaire du parti. Chaque électeur ne portera qu'un nom sur son bulletin. Tous les adhérents d'un parti voteront ainsi pour le même homme et se compteront, pour ainsi dire, sur son nom. Si un candidat réunit trois fois le quotient électoral, par exemple, il sera nommé et aura droit de s'adjoindre deux personnes, désignées *d'avance* sur une liste dans son programme, et tous les trois seront élus. C'est une sorte de vote au second degré pour les deux députés adjoints.

Ce système est très-simple, très-rationnel et très-pratique. Le dépouillement des votes peut se faire à la commune. Mais, si la re-présentation ainsi obtenue est réellement proportionnelle, on peut dire qu'elle n'est pas *personnelle.* Car les députés-adjoints ne sont pas directement et personnellement nommés par les électeurs. Cette ob-jection, pour notre compte, nous touche peu. Mais il est à craindre, si ce procédé était adopté dans un pays aussi divisé que le nôtre, que tous les candidats ne voulussent être chefs de parti, et que pas un d'entre eux ne réunît à lui seul le quotient électoral (1).

## II.

Nous allons exposer maintenant en détail le système nouveau que nous soumettons à la discussion.

Supposons toujours, pour fixer les idées, 700 électeurs-votants et 7 députés à nommer.

Chaque électeur aura le droit d'écrire sept noms différents sur son bulletin. Mais, pour qu'il veille soigneusement à les inscrire dans l'ordre de ses préférences, la loi édictera que le premier rang sur la liste compte, dans le dépouillement, pour une voix entière; le deuxième rang, pour [une demi-voix ; le troisième rang, pour un tiers de voix, etc....; le septième rang, pour un septième de voix.

De cette façon, la représentation sera bien réellement *personnelle;* car le candidat, jugé le meilleur par l'électeur et mis en première

---

(1) Pour faciliter les recherches aux personnes qui voudraient étudier les écrits originaux des inventeurs sur la question de la représentation des minorités, nous recommandons le livre cité plus haut de M. Émile de Laveleye ; — les *Devoirs du suffrage universel,* in-12, par M. Eugène De-lattre ; 1863 ; chez Pagnerre, éditeur ; — *Les justes élections,* brochure du même auteur, 1866, chez A. Teissier, éditeur, dans laquelle est exposé un procédé très-simple de scrutin *public,* par vote uninominal et d'après le principe du quotient électoral.

ligne, obtiendra des suffrages qui compteront sept fois plus que s'il était mis en dernière ligne.

En outre, si les partis votent avec discipline, la représentation proportionnelle sera rigoureusement réalisée.

— En effet, supposons dans notre circonscription, quatre partis réunissant respectivement 300, 200, 100 et 100 adhérents. Chaque parti portera sept candidats sur sa liste spéciale.

Dans le premier parti, le troisième candidat de la liste obtiendra 300 suffrages valant 100 voix (un tiers de 300) ou précisément le quotient électoral. Les premier et deuxième candidats de cette liste dépasseront le quotient électoral, et les quatrième, cinquième, sixième et septième ne l'atteindront pas. Ce parti aura donc trois élus.

Il est facile de voir que le deuxième parti aura deux élus, et que le troisième et le quatrième partis en auront chacun un.

Tous ces résultats sont indiqués dans les tableaux suivants où les noms des candidats du premier parti sont désignés par les lettres A, B, C, D, E, F, G, et ceux des autres partis par les mêmes lettres accentuées.

Première liste obtenant 300 suffrages.

| A | 300 suffrages .. | 300 | voix. |
|---|---|---|---|
| B | — idem .. | 150 | — |
| C | — idem .. | 100 | — |
| D | — idem .. | 75 | — |
| E | — idem .. | 60 | — |
| F | — idem .. | 50 | — |
| G | — idem .. | 42 6/7 | — |

Deuxième liste obtenant 200 suffrages.

| A' | 200 suffrages.. | 200 | voix. |
|---|---|---|---|
| B' | — idem .. | 100 | — |
| C' | — idem .. | 66 2/3 | — |
| D' | — idem .. | 50 | — |
| E' | — idem .. | 40 | — |
| F' | — idem .. | 33 1/3 | — |
| G' | — idem .. | 28 4/7 | — |

Troisième liste obtenant 100 suffrages.

| A" | 100 suffrages. . | 100 | voix. |
|---|---|---|---|
| B" | — idem .. | 50 | — |
| C" | — idem .. | 33 1/3 | — |
| D" | — idem .. | 25 | — |
| E" | — idem .. | 20 | — |
| F" | — idem .. | 16 2/3 | — |
| G" | — idem .. | 14 2/7 | — |

Quatrième liste obtenant 100 suffrages.

| A''' | 100 suffrages.. | 100 | voix. |
|---|---|---|---|
| B''' | — idem .. | 50 | — |
| C''' | — idem .. | 33 1/3 | — |
| D''' | — idem .. | 25 | — |
| E''' | — idem .. | 20 | — |
| F''' | — idem .. | 16 2/3 | — |
| G''' | — idem .. | 14 2/7 | — |

— Le dépouillement d'un tel scrutin peut se faire à la commune sans aucune difficulté.

En effet, on a l'habitude de charger un groupe de quatre scrutateurs du dépouillement de trois à quatre cents bulletins environ, et le bureau électoral de la section (ou de la commune) centralise les résultats fournis par les différents groupes de scrutateurs.

Dans un groupe, le premier scrutateur lit à haute voix le bulletin, et le passe au second scrutateur qui contrôle la lecture.

Les troisième et quatrième scrutateurs écrivent chacun de son côté les résultats sur deux feuilles de dépouillement qui sont contrôlées l'une par l'autre.

Chaque feuille de dépouillement devra contenir un nombre suffisant (40 ou 50) de carrés imprimés de cent cases chacun, conformes au modèle nº 1 suivant, la grandeur du côté étant de 55 millimètres environ :

M.....

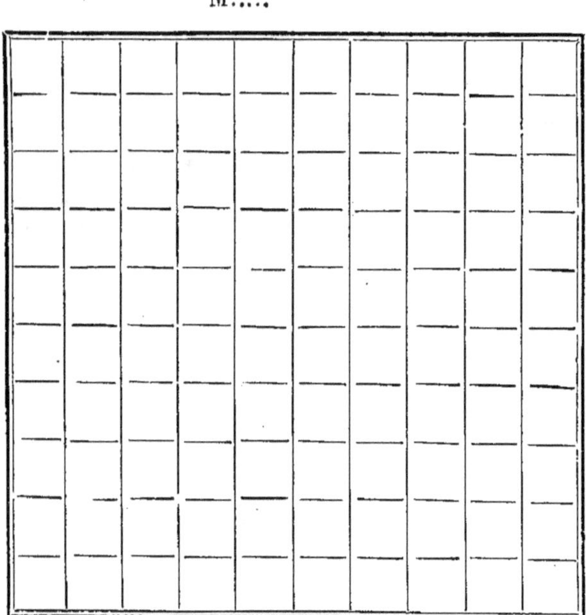

*Modèle nº* **1**, *non rempli.*

Les scrutateurs affecteront des carrés spéciaux à chacun des candidats. Quand un carré sera rempli, on en ouvrira un autre.

Le premier scrutateur lit un bulletin à haute voix : Premier, A ; — deuxième, B ; — troisième, C ; — quatrième, D ; — cinquième, E ; — sixième, F ; septième, G.

En même temps, le troisième et le quatrième scrutateur inscrivent, chacun de leur côté, dans une case du carré A le chiffre 1, dans une case du carré B le chiffre 2 et ainsi de suite..., dans une case du carré G le chiffre 7.

## Monsieur A.

| 1 | 1 | 1 | 6 | 5 | 1 | 1 | 1 | 1 | 1 |
|---|---|---|---|---|---|---|---|---|---|
| 1 | 1 | 1 | 3 | 1 | 1 | 1 | 1 | 1 | 1 |
| 4 | 1 | 1 | 1 | 1 | 1 | 1 | 1 | 1 | 1 |
| 1 | 1 | 6 | 1 | 1 | 1 | 1 | 1 | 1 | 1 |
| 1 | 1 | 6 | 6 | 1 | 1 | 1 | 1 | 1 | 1 |
| 1 | 1 | 1 | 1 | 1 | 5 | 1 | 1 | 1 | 1 |
| 1 | 1 | 2 | 1 | 1 | 1 | 1 | 1 | 1 | 1 |
| 1 | 1 | 1 | 1 | 1 | 1 | 1 | 1 | 1 | 1 |
| 1 | 1 | 1 | 1 | 3 | 1 | 1 | 6 | 1 | 1 |
| 1 | 1 | 1 | 1 | 1 | 1 | 1 | 1 | 3 | 1 |

*Modèle n° 1, rempli.*

Quand un carré est rempli comme l'est celui que nous avons représenté ci-dessus, les troisième et quatrième scrutateurs vérifient si leurs écritures sont bien concordantes. Ils peuvent même vérifier leurs chiffres plus souvent, à la fin de chaque ligne horizontale par exemple.

— Quand tous les bulletins sont dépouillés, les troisième et quatrième scrutateurs font la récapitulation des suffrages obtenus par les divers candidats sur un imprimé conforme au modèle n° **2** suivant :

*Modèle n° 2.*

Nombre de suffrages obtenus.

| Noms des candidats. | En 1<sup>re</sup> ligne. | En 2e ligne. | En 3e ligne. | En 4e ligne. | En 5e ligne. | En 6e ligne. | En 7e ligne. | En 8e ligne. | Totaux. |
|---|---|---|---|---|---|---|---|---|---|
| Monsieur A... | 88 | 1 | 3 | 1 | 2 | 5 | » | » | 100 |
| M............ |  |  |  |  |  |  |  |  |  |
| M. .... .... |  |  |  |  |  |  |  |  |  |

Les états n° 2 des scrutateurs sont centralisés par le bureau électoral de la section qui fait un état récapitulatif, sur le même imprimé, modèle n° 2.

Les états n₀ 2 des sections électorales sont centralisés au chef-lieu, sur le même modèle n° 2, et c'est là qu'on fait le calcul du nombre de *voix* qui correspondent aux suffrages obtenus par les différents candidats.

— Supposons qu'un candidat X... ait obtenu les suffrages suivants sur un nombre total de quatre-vingt mille électeurs :

|  |  |
|---|---:|
| En 1re ligne................................ | 45.931 |
| En 2e ligne................................ | 812 |
| En 3e ligne................................ | 47 |
| En 4e ligne................................ | 97 |
| En 5e ligne................................ | 540 |
| En 6e ligne................................ | 1.896 |
| En 7e ligne................................ | 2.130 |

Il audra diviser ces chiffres respectivement par les nombres 1, 2, 3, 4, 5, 6, 7; et l'on obtiendra les résultats suivants :

|  |  |  |  |
|---:|:---:|---:|:---:|
| 45.931 suffrages valant | 45.931 | » | voix. |
| 812 | — | 406 | » — |
| 47 | — | 15, 666 | — |
| 97 | — | 24, 25 | — |
| 540 | — | 108 | » — |
| 1.896 | — | 316 | » — |
| 2.130 | — | 304, 285 | — |

Total ..... 51.453 suffrages valant 47.105 » voix.

Si la partie fractionnaire qu'on trouve au total général est supérieure à une demi-voix, on forcera le chiffre des voix d'une unité; si elle est inférieure à une demi-voix, on la négligera.

Tous les calculs que nous venons d'effectuer n'offrent pas de difficultés; ils pourront même se faire dans chaque section électorale; mais c'est absolument inutile. Il suffit qu'ils soient faits au chef-lieu, par les délégués des électeurs de la circonscription ou en leur présence.

— Nous pouvons maintenant traduire en projet de loi immédiatement applicable le procédé de votation que nous venons de décrire en détail et que nous appelons *système des coefficients de préférence.*

Article 1er. — Le nombre des députés sera calculé d'après la population.

Les élections se feront au scrutin de liste, et.des circonscriptions électorales seront établies, de telle sorte que chacune d'elles ait droit à six députés an moins et à huit députés au plus. Ces circonscriptions seront divisées en sections contenant chacune deux mille électeurs au maximum.

Tout électeur portera sur son bulletin, et dans l'ordre de ses préférences, autant de noms différents qu'il y aura de députés à élire.

ART. 2. — Le dépouillement des votes se fera dans les sections.

Tout candidat porté sur un bulletin obtiendra un suffrage qui vaudra : si le candidat est en première ligne, une voix entière; en deuxième ligne, la moitié d'une voix ; en troisième ligne, le tiers d'une voix ; en quatrième ligne, le quart d'une voix; en cinquième ligne, le cinquième d'une voix; en sixième ligne, le sixième d'une voix; en septième ligne, le septième d'une voix; en huitième ligne, le huitième d'une voix.

On comptera dans chaque section le nombre des suffrages obtenus en première ligne, en deuxième ligne et ainsi de suite par les différents candidats.

Le nombre des voix correspondant aux suffrages obtenus par les candidats dans toutes les sections sera calculé au chef-lieu de la circonscription électorale, en séance publique, par une commission composée de.....

ART. 3. — Il n'y aura qu'un tour de scrutin. Les candidats ayant obtenu le plus grand nombre de voix seront proclamés députés.

—La facilité des opérations électorales que nous proposons étant actuellement démontrée, il n'est pas superflu d'étudier les avantages que notre système peut présenter, si on le compare aux systèmes déjà connus.

### III

. Nous avons dit précédemment que notre système réalisait la représentation personnelle, 'et nous avons fait voir qu'il réalisait en même temps la représentation proportionnelle, en supposant que les partis fussent parfaitement disciplinés.

Or, plus les mœurs de la liberté s'introduiront dans les masses, plus la discipline électorale deviendra parfaite. Il faut néanmoins supposer qu'il y aura toujours des éclectiques, des hommes sans opinion, des indisciplinés dans le corps électoral : c'est même un droit inviolable pour un électeur d'être rebelle, s'il le juge à propos, à toute espèce de mot d'ordre, et ce serait une tyrannie que de forcer *par la loi* un seul citoyen à se ranger sous tel ou tel dra-

peau politique, à se classer, malgré lui, bête de tel ou tel troupeau ;
— ce que proposent certains novateurs qui voudraient, dit-on, que
toute liste, sous peine de nullité, portât des mentions telles que
celles-ci : liste républicaine modérée, ou radicale, ou conservatrice,
ou progressiste, etc.....

Il est impossible d'exiger d'un citoyen qu'il fasse précéder le nom
des hommes de son choix, dont il veut faire ses délégués, d'une
mention quelconque indiquant sa couleur ou sa nuance politique ;
et ce serait une injustice que d'annuler un seul bulletin ne portant
aucune mention de cette nature.

C'est une difficulté de ce genre qui rend, selon nous, le système
de M. Hare absolument impraticable. Que faire, si un électeur
jette dans l'urne un bulletin sur lequel est écrite une liste de con-
ciliation renfermant les noms de monarchistes bien connus et de
républicains non moins avérés, de partisans du libre échange et
de protectionnistes ? Dans quelle catégorie classer ce bulletin ? —
Dans aucune, évidemment, il ne reste plus qu'à l'annuler ; et en
l'annulant on viole un droit, on se heurte à une impossibilité que
la loi ne peut pas consacrer, du moment que le principe officiel du
vote consiste dans le choix de noms propres, et non pas dans le
choix d'un programme déterminé.

Notre but, et nous croyons l'avoir atteint, a été de donner aux
partis qui se partagent l'opinion la faculté d'obtenir facilement un
nombre de représentants proportionnel au nombre de leurs adhérents, et cela, sans reconnaître officiellement l'existence de ces partis : car le législateur ne peut avoir devant lui que des individus,
tous citoyens et tous égaux en droits.

Le principe que nous appliquons est le suivant, qui nous paraît
juste, indépendamment de toute considération de catégories politiques : chaque candidat doit obtenir un nombre de voix directement proportionnel au nombre des électeurs qui votent pour lui,
et inversement proportionnel au rang que les électeurs lui assignent
sur la liste.

Il est vrai que dans notre système, si un parti peu nombreux ne
vote pas avec ensemble, ce parti n'aura pas de représentant, tandis
que le vote bien discipliné pourrait lui procurer un député de son
choix. Mais remarquons ceci : lorsqu'il y a plusieurs partis en présence, personne ne connaît, la plupart du temps, en allant au vote,
leurs forces relatives. Le parti qui se croit le plus fort peut être,
en réalité, le plus faible ; et si ses adhérents éparpillent leurs voix,
— ce qui, nous le reconnaissons, peut être avantageux au parti nu-
mériquement le plus fort, mais est fort désavantageux aux partis
les moins nombreux, — ce parti n'obtiendra pas le nombre de

représentants auquel il a droit. Il est donc à la fois loyal et avantageux pour tous les partis de voter avec discipline.

Ajoutons qu'il est facile de se convaincre qu'un dixième de votes indisciplinés sur le total (et il n'y en aura pas davantage) ne peuvent pas modifier sensiblement les résultats que nous avons énoncés.

On ne peut pas faire, au système des coefficients de préférence, le reproche qu'on a fait à celui de M. Baily d'être une sorte de suffrage au second degré. On ne peut pas l'accuser d'être impraticable, comme celui de M. Hare. Il est basé sur la notion du quotient électoral, et, chose singulière, les scrutateurs n'ont pas à tenir compte de cette notion dans leurs dépouillements et dans leurs calculs. C'est en quelque sorte mécaniquement, et sans que les électeurs s'en doutent, que la représentation proportionnelle sera réalisée.

Il n'y aura jamais qu'un seul tour de scrutin, et les candidats qui ont obtenu le plus grand nombre de voix seront élus, purement et simplement. Il est évident qu'aujourd'hui, avec les systèmes employés, les majorités même peu nombreuses écrasent les minorités et les expulsent des assemblées représentatives. C'est un grand abus,—car le progrès s'incarne toujours dans une minorité. — Avec notre système, il n'en peut plus être ainsi, et, par conséquent, on ne verra plus, s'il est adopté, ces nombreuses abstentions qui sont causées par la certitude où se trouvent les minorités, soit réactionnaires, soit progressistes, de ne pas être représentées, — certitude qui éloigne des urnes un grand nombre d'électeurs, qui ne sont pas d'humeur à aller y déposer un vote complètement inutile. Il sera donc superflu de prescrire un second tour de scrutin, pour le cas où le nombre des votants, relativement au nombre des inscrits, n'atteindrait pas un certain minimum. Car tous les électeurs, qui ne seront pas matériellement empêchés, prendront très-probablement part au vote.

Le système des coefficients de préférence ne diffère guère, au fond, du vote cumulatif. Il arrive à des résultats analogues, à la condition que les partis se disciplinent, et sans qu'il soit nécessaire que des comités fassent d'avance des évaluations de probabilités pour diriger le vote. Nous reconnaissons cependant que le vote cumulatif, avec un tour de scrutin préliminaire pour compter les partis, contient la meilleure garantie qu'on ait trouvée jusqu'à présent pour sauvegarder *avec certitude* le droit des *petites* minorités. Mais ce tour de scrutin préliminaire ne peut pas être prescrit par la loi; il ne peut être que facultatif, et c'est un grave inconvénient. Car on retombe alors dans le vote cumulatif avec un tour unique de scrutin, système dans lequel, même avec la discipline la plus exacte, un parti court toujours grand risque de porter, soit trop de suffrages, soit pas assez, sur les noms de ses candidats.

Faisons remarquer, en terminant, que le système des coefficients de préférence permet aux minorités de se faire représenter, nonseulement dans les assemblées politiques, mais dans les consistoires et dans les synodes protestants, et généralement dans toutes les assemblées électives. Nous croyons ce système préférable au vote cumulatif avec tour unique de scrutin, et nous le soumettons avec confiance au jugement du public et à l'appréciation des légistes qui s'occupent de l'importante question de la représentation des minorités.

Augustin Gigon
Professeur à l'Association philotechnique,
37, Boulevard Saint-Michel.

Paris. — Typ. A. Parent, rue Monsieur-le-Prince, 29 et 31.